AF396359

AZÉMIA,

OU

LE NOUVEAU ROBINSON,

OPÉRA-COMIQUE,

OU

ROMAN LYRI-COMIQUE,

EN TROIS ACTES, EN VERS.

MÊLÉ D'ARIETTES.

Représenté devant leurs MAJESTÉS, à Fontainebleau, le mardi 17 octobre 1786.

Paroles de M. le Chevalier DE LA CHABEAUSSIERE, Musique de M. DALAYRAC.

DE L'IMPRIMERIE

De P. ROBERT-CHRISTOPHE BALLARD, seul Imprimeur pour la Musique de la Chambre & Menus Plaisirs du Roi, & seul Imprimeur de la grande Chapelle de Sa Majesté.

M. DCC. LXXXVI.

Par exprès Commandement de Sa Majesté.

PERSONNAGES.

EDOIN, *Anglois, habitant de l'isle inconnue.* — Le Sr Solier

PROSPER, *jeune homme sauvé par Edoin, & élevé dans l'isle,* — Le Sr Michu.

AZÉMIA, *fille d'Edoin,* — La dame Dugazon.

MILORD AKINSON, *pere de Prosper,* — Le Sr Chenard.

FABRICE, *bosseman de l'équipage de Mylord,* — Le Sr Trial.

TORNILH, *neveu d'Akinson,* — Le Sr d'Orsonville.

MATELOTS *attachés à Milord,* — Les Srs { Delaunay. Cellier.

PREMIER MATELOT *attaché à Tornilh,* — Le Sr Dufrenoy.

DEUX SAUVAGES, — Les Srs { Corali. Leclerc.

TROUPE DE MATELOTS.

TROUPE DE SAUVAGES.

La Scène est dans une isle inconnue & déserte.

AZÉMIA,

OU

LE NOUVEAU ROBINSON,

OPÉRA-COMIQUE,

EN TROIS ACTES ET EN VERS.

ACTE PREMIER.

Le Théâtre représente une partie de l'isle sur l'avant
scène (& sur-tout le plus près possible des rampes)
doivent être deux petits côteaux plantés, inaccessibles
par l'extérieur, & bordés de rochers ; mais sur lesquels
les personnages soient censés pouvoir monter par l'inté-
rieur des grottes souterraines sur lesquelles sont ces
espèces d'esplanades. Le tout doit être assez agreste-
ment disposé pour laisser croire que la nature à fait les
premiers frais du site, & cependant assez pittoresquement
pour faire entrevoir que le travail d'un homme a tiré
partie de la position pour se former une retraite inacces-
sible ; mais d'où cependant il puisse dominer & se cacher
ou se montrer à volonté : l'esplanade à gauche, c'est-à-
dire, du côté du Roi, doit être plus en avant & plus
saillante que l'autre. Les entrées des grottes doivent être
visibles ; celle de la grotte à gauche, sur le côté, est
cachée en partie par des arbres & un petit buisson en
taillis.

OUVERTURE

En action Pantomime, avec Ballet.

Au premier coup d'archet, la toile se lève : une musique tranquille doit indiquer le calme & la solitude de ce lieu champêtre : quelques instans après on voit sur la mer un canot & quelques sauvages qui le conduisent, ils abordent, se groupent de diverses manieres, exécutent des danses pantomimes.

Edoin armé, vêtu comme Robinson, paroît sur l'esplanade de sa grotte, témoigne l'inquiétude la plus vive : on le voit disparoître & revenir quelques momens après avec un fusil : il se détermine à tirer en l'air : le bruit effraye les sauvages qui, en désordre, regagnent leur canot, s'y précipitent, prennent le large de la mer, & s'éloignent.

Edoin descend, sort de sa grotte, va s'assurer s'ils sont partis & revient.

Dans le commencement de l'ouverture jusqu'à l'arrivée des sauvages, le théatre doit s'éclairer par degrés, comme pour annoncer le lever de l'Aurore.

AZÉMIA,

OU

LE NOUVEAU ROBINSON.

ACTE PREMIER.

SCÈNE PREMIERE.

EDOIN, *seul.*

Ils s'éloignent : le bruit inconnu de cette arme,
Dans leurs sens étonnés, porte toujours l'alarme.
Faut-il depuis douze ans sur ces bords étrangers,
Sans secours être en butte à d'éternels dangers ?
Sommes destinés sur ces tristes rivages
A ne voir aborder que des hordes sauvages ?
Condamnés au travail, loin de tout l'univers,
Prosper, ma fille & moi, dans ces affreux déserts,
Nous vivons tous les trois : ô toi que j'ai sauvée,
Toi qui dès ton enfance en ces lieux élevée,
De mon cruel exil calmes du moins l'ennui,
Ma chère Azémia, si je tremble aujourd'hui,
C'est sur le sort auquel le Ciel t'a réservée.

A

ROMANCE.

O toi qui m'es ſi chère
Au ſein de ces forêts,
De ton aimable mère
Tu m'offres tous les traits.
La mort, la mort cruelle,
La ſépara de moi.
Mais quand je ſuis loin d'elle,
J'aime à la voir en toi.

Hélas ! ſi jeune encore
Dans ces ſombres déſerts,
Ton cœur naïf ignore
Les maux que j'ai ſoufferts,
Ma retraite profonde,
Tu la vois ſans effroi,
Je ſuis pour toi le monde,
Tu l'es auſſi pour moi.

Le jeune infortuné dont j'ai ſauvé les jours,
Proſper repoſe encor : que j'ai d'inquiétude
D'élever deux enfans, dans l'âge des amours !
Eſpérant me ravir à cette ſolitude,
J'ai cru devoir nourrir juſqu'ici leur erreur :
D'une première flamme, avant que l'éclair brille,
Je cherche, s'il ſe peut, à préſerver leur cœur,
Je déguiſe à Proſper le ſexe de ma fille,

Je leur dépeins l'amour comme un affreux malheur,
Mais, malgré tant de soins, l'amour & la nature
Me feront tôt ou tard accuser d'imposture,
Ce sont des précepteurs plus éloquens que moi,
J'entends mon jeune élève.

SCENE II.

EDOIN, PROSPER *paroît un moment sur son esplanade, & dit à Edoin :*

Ouvre-moi, je te prie.

EDOIN *lui ouvre l'entrée de la grotte, Prosper paroît, ils s'embrassent.*

Cher Prosper?

PROSPER.

J'ai dormi trop long-temps.

EDOIN.

Et pourquoi?

PROSPER.

Mes momens de sommeil me séparent de toi,
Et je les crois perdus.

EDOIN.

Mon cœur t'en remercie.

A 2

Tu n'as rien entendu ?

PROSPER.

Rien du tout.

EDOIN.

Ah ! tant mieux !

PROSPER.

Pourquoi , mon bon ami ?

EDOIN.

Tout-à-l'heure en ces lieux

Nous étions en danger.

PROSPER.

Comment donc ?

EDOIN.

Les Sauvages

De la fureur defquels j'ai préfervé tes jours,
Ont encor une fois abordé ces rivages.

PROSPER.

Oui , je fais que je dois la vie à tes fecours,
Je n'avois que quatre ans, & m'en fouviens toujours,
Ils m'avoient, fur ces bords, conduit avec mon père,

EDOIN.

Que je ne pus fauver : voilà tout mon regret,
Il m'apperçut de loin, & parut fatisfait
De te voir dans mes bras ; mais pour lui j'eus beau
    faire ,

Il fut hors de ma vue entraîné tout-à-fait.
Je t'adoptai pour fils, j'élevai ton enfance,
Et bientôt un papier qu'enfermoit ce portrait,
M'apprit enfin ton nom, ton âge & ta naiſſance.
... Lis.

PROSPER, *liſant.*

« Je ſuis tombé entre les mains des Sauvages,
» qui font le commerce de notre liberté, & qui me
» préparent ſans doute un long eſclavage ; je ſerai
» ſûrement ſéparé de mon fils, mais quelque part
» qu'il ſoit entraîné, le portrait attaché ſur ſon ſein,
» & le papier que j'enferme dedans, lui appren-
» dront, s'il ſurvit, ainſi qu'à ceux qui le trouveront,
» qu'il eſt fils de Mylord Akinſon : quiconque pourra
» le ramener à ſa famille à Londres en recevra la
» récompenſe, & ſi je peux, avec de la patience,
» échapper à la captivité, j'emploierai tout mon
» temps à ſa recherche».
Signé, MYLORD AKINSON.

Comme je vais garder avec ſoin ce portrait !

EDOIN.

Oui, ſur ce ſeul indice il te reconnoîtroit.

PROSPER.

Quel doux plaiſir j'aurois, en retrouvant mon père,
A vous traiter tous deux de la même manière.

A 3

E D O I N.

J'efpérois que le fort plus favorable un jour,
Pour te chercher ici permettroit fon retour,
Et j'y fondois l'efpoir de notre délivrance,
Mais dix ans font paffés, je n'ai plus d'efpérance.

P R O S P E R.

Vas, fi je l'ai perdu, je le retrouve en toi,
Mais tu dis l'univers fi peuplé, je le croi;
Comment cette Ifle feule eft-elle ainfi déferte?
Il ne fuffit donc pas pour peupler d'être trois?...
Mon ami, j'ai, je crois, fait une découverte
Sur les femmes, tu t'es contredit quelquefois.
Veux-tu que je te parle avec pleine franchife?
J'y penfe, & quelque mal que ta bouche m'en dife,
J'ai toujours, je l'avoue, un defir fans pareil
D'obferver de plus près ces perfides mortelles.

E D O I N.

Pour te voir tourmenter jufques dans ton fommeil,

P R O S P E R.

Eh! ne pourrois-je pas m'en venger au réveil?
Moi je me fens de force à lutter avec elles.
Fais-moi donc leur portrait, tu dis qu'elles font belles?

SCENE III.

EDOIN, PROSPER, AZÉMIA *fort,*
se cache derrière les taillis qui bordent sa grotte
& écoute la conversation.

AZÉMIA.

Écoutons : les voici dans leur petit conseil.

TRIO.

EDOIN.

Ecoute bien, tu vas l'entendre ;
Ah! garde-toi de te laisser surprendre,
Je te dirai la vérité,

PROSPER.

J'écoute bien; je brûle de l'entendre,
Mais parle avec sincérité.

EDOIN.

D'abord tout est fait pour séduire
Si doux parler, si doux sourire.

PROSPER.

'Ah! le joli portrait.

EDOIN.	PROSPER.
C'est une fleur, C'est la douceur, C'est la fraîcheur.	Ah! le joli portrait.

A 4

E D O I N.

Tout nous enchante, tout nous plaît;

P R O S P E R.

Eh bien ! que risque-t-on de se laisser surprendre ?

E N S E M B L E.

EDOIN.	PROSPER.	AZÉMIA, *à part.*
Ecoute bien , tu vas l'apprendre , Je te dirai la vérité. Ah ! garde toi de te laisser surprendre , Je parle avec sincérité.	J'écoute bien en vérité, Que risque-t-on à se laisser surprendre,	Voyons, voyons, tâchons d'entendre S'il lui dira la vérité.

E D O I N.

Cette fleur si charmante
Cache une épine & devient un poison ;
Cette grace si séduisante
Est un écueil qui trouble la raison ;
Cette douceur si caressante
Cache souvent l'affreuse trahison.

EDOIN.	PROSPER.	AZÉMIA, *à part.*
Voilà, voilà la vérité.	Ah ! c'est dommage en vérité.	Non, ce n'est pas la vérité.

P R O S P E R.

Quoi! cette fleur?

E D O I N.

Cache l'épine.

PROSPER.

Cette douceur?

ÉDOIN.

Est trahison.

PROSPER.

Ce doux parler?

ÉDOIN.

Nous assassine.

PROSPER.

Ce doux sourire?

ÉDOIN.

Est un poison.

ENSEMBLE.

EDOIN.	PROSPER.	AZÉMIA, à part.
Garde-toi bien de te laisser surprendre. Voilà, voilà la vérité.	Ah! quel danger de se laisser surprendre, Mais c'est dommage en vérité.	Que lui fait-il entendre, Ce n'est pas là la vérité.

PROSPER.

Mon cœur aime à te croire, & je ne sais pourquoi
Il semble en ce moment me parler contre toi.
Comment donc, au pouvoir de ces beautés cruelles,
Le Ciel a-t-il voulu soumettre l'univers?
Puisque les plus beaux lieux sans femmes sont déserts,
Un désert ne peut être embelli que par elles,

E D O I N.

Non ; fur leurs pas l'amour a trop tôt pénétré ,
Son funefte poifon nous faifit , nous enivre.

P R O S P E R.

Le poifon de l'ennui vaut-il mieux à ton gré ?
Non, celui-ci nous tue , & l'autre nous fait vivre,
J'en fuis sûr ; car tu vis , & fi je m'en fouvien ,
Ce poifon là jadis t'a réuffi fort bien.
Tu m'as dit mille fois qu'une époufe chérie
Autrefois a jetté quelques fleurs fur ta vie.
L'amour , quand on s'époufe , eft donc moins dange-
      reux?

E D O I N.

Oui , je fis un bon choix , je fus époux heureux :
Mais quand un fol amour de votre cœur s'empare ,
Le choix eft difficile , & le bonheur eft rare.
L'amour fait un heureux fur mille infortunés ,
Le piége eft fous les fleurs , & vous vous y prenés.

P R O S P E R.

Allons donc , puifque c'eft un fléau fi terrible ,
Il faut fe contenter de l'amitié paifible :
Jamais femme , d'ailleurs , n'en peut troubler la paix.
Je n'en voi point ici , (*en foupirant.*) je n'en verrai
      jamais.
Si , par hafard pourtant , la chofe étoit poffible ,

Ton fils eût été femme !...

E D O I N.

Eh bien?

P R O S P E R.

Eh bien ; je croi
Que nous nous aimerions encore davantage.

E D O I N.

Quelle folie ! hélas, tu vois qu'il eft plus fage,
Il n'a jamais formé le même vœu fur toi.
Si l'un de vous l'étoit, pour mon repos, le vôtre,
Il faudroit vous en faire un fecret l'un à l'autre.

P R O S P E R.

Il me femble qu'il dort aujourd'hui bien long-temps.

A Z É M I A , *fe montrant.*

Que non ! je ne dors pas : mais j'écoute & j'entends.

P R O S P E R.

Le voici, le voici.

E D O I N.

Viens, embraffe ton père.
J'attendois ton réveil pour ma courfe ordinaire,
L'impérieux befoin nous condamne au travail,
Je vais pourvoir aux foins de notre fubfiftance ;
Pour vous, occupez-vous de ce léger détail.

(bas à sa fille.)
Ne trahis point ton sexe, & songe à ma défense :
Il y va de tes jours.
(à Prosper.)
Prosper, sois son appui
Le ciel t'a fait plus fort & plus âgé que lui. . . .

A z é m i a.

Oh ! nous nous défendrons tous deux: j'ai du courage,
Et s'il falloit sauver un de vous aujourd'hui,
Je sens que j'en aurois mille fois davantage.

P r o s p e r.

L'un pour l'autre jamais nous ne plaindrons l'ouvrage.
(Edvin les embrasse, prend son fusil & sort.)

S C È N E   I V.

AZÉMIA, PROSPER.

Les deux enfans s'occupent à des travaux différens.
Azémia, sur le devant de la scène, à des ouvrages
légers ou d'industrie, & Prosper, un peu plus loin, à
ceux de fatigue.

A z é m i a, *à part.*

Mon père, je le vois, nous trompe tous les deux,
Il est si doux: pourquoi seroit-il dangereux?
J'ai peine à concevoir l'objet de sa défense :

Il nous fait l'un de l'autre un portrait trop affreux ;
J'aurois tant de plaisir à le savoir heureux ,
Que je ne réponds pas de mon obéissance.
 (*Haut , à Prosper.*)
Tu travailles trop fort , tu seras fatigué ;

PROSPER.

Quand je suis avec toi , je crains peu la fatigue ;
Les fardeaux sont moins lourds , & mon cœur est plus
        gai.

AZÉMIA.

Tu m'aimes-donc beaucoup ?

PROSPER.

                Oui ; mais ce qui m'intrigue ,
C'est que cette amitié me tourmente aujourd'hui :
Je donnerois ma vie & mon sang pour ton père ;
Et je ne conçois pas , à parler sans mystère ,
Pourquoi je t'aime encor une fois plus que lui.

AIR.

Aussi-tôt que je t'apperçoi
    Mon cœur bat & s'agite ;
Et si j'accours auprès de toi ,
    Il bat encore plus vîte ;
A tout moment & malgré moi ;
Je brûle .... & ne sais pas pourquoi.   (*bis.*)

De m'éclairer sur ce myſtère
Je pourrois bien prier ton père ,
Mais ſi tu voulois , tiens , je croi ,
J'en apprendrois plus avec toi.

Second Couplet.

D'abord deſir de te chercher ,
　　Le premier ſemble éclore ;
Puis deſir de me rapprocher ,
　　Puis d'approcher encore ;
Là , toujours mon cœur malgré moi ,
Deſire & je ne ſais pas quoi. 　　　　　　(*bis*)
De m'éclairer , &c.

A Z É M I A.

J'ai bien quelque petit ſoupçon
　　D'en ſavoir quelque choſe ;
Mais , à t'en parler ſans façon ,
　　Je ne ſais quoi s'oppoſe ;
Pourtant de ce je ne ſais quoi ,
J'enrage , & ne ſais pas pourquoi. 　　　　(*bis.*)

De m'éclairer ſur ce myſtère
Jai bien déjà prié mon pere ;
Mais ſi j'oſois (*bis.*) tiens en effet je croi
J'en apprendrois plus avec toi.

Je t'ai bien entendu tantôt dire à mon père
Que tu voudrois bien voir une femme étrangère ?
Pourquoi donc ?

PROSPER.

Je ne puis te l'expliquer trop bien.

AZÉMIA.

Et si j'en étois une ?

PROSPER.

Ah ! je sens que mon âme !
Si le Ciel l'eût permis , n'auroit besoin de rien.

AZÉMIA.

Tu m'aimerois encore, même si j'étois femme ?

PROSPER.

Je t'aimerois autant , & serois plus heureux.

AZÉMIA.

Plus heureux ! Là bien vrai ?

PROSPER.

Vrai, mon cœur me l'assure.

(à part.)   AZÉMIA.

Je vais parler, (appellant.) St.

PROSPER.

Quoi?

AZÉMIA.

Ne forme plus de vœux ;
Je ferai ton bonheur, je suis femme.

PROSPER.

Ah ! Grands Dieux !
Tu te moques de moi.

AZÉMIA.

Non, Profper, je te jure.

PROSPER.

Je te crois, je te crois, célefte créature !
Toi femme ! Ah ! oui ! Mon cœur avoit cru le fentir.

AZÉMIA.

Puiffe du moins le mien ne pas fe repentir
D'avoir enfreint ici les ordres de mon père ;
Car tu peux, me dit-il, en fachant ce myftère,
Me faire bien du mal.

PROSPER.

Ah ! comme c'eft mentir !
Moi, te faire du mal ! Je t'offrirois ma vie :
Il me dit bien auffi, lorfque nous en caufons,
Qu'une femme en ces lieux feroit mon ennemie.

AZÉMIA.

Moi ! te haïr ! ô Ciel ! Mais s'il a fes raifons ?...

PROSPER.

Ton fexe eft fait, dit-il, pour le tourment du nôtre.

AZÉMIA.

AZÉMIA.

Quoi, Profper, aurions-nous du poifon l'un pour
    l'autre ?
    (*Ils réfléchiffent quelque temps.*)

PROSPER.

Vas, vas, nous nous craignons fans trop favoir pour-
    quoi;
Mais fi je te fais peur, je voudrois, je te jure,
Pour te plaire toujours être un autre que moi.

AZÉMIA.

Oh ! non, ne change pas, tu perdrois, j'en fuis fûre.
Après tout, c'eft l'amour qu'il voit comme un
    malheur,
C'eft là le grand écueil qu'il veut que l'on redoute.
Eh bien, n'en ayons pas : tu n'en as point fans doute,
Je ne fais ce que c'eft ; mais il me fait grand peur.

PROSPER.

Mais pour le fuir, encor faudroit-il le connoître ;
Car avant qu'on s'en doute, il vient tout feul peut-être.
Ton père, à ce qu'il dit, goûta mille plaifirs
Auprès de fon époufe & l'amour en fut caufe.

AZÉMIA.

Oui, mais à quels chagrins ce fouvenir l'expofe,
Son nom lui coûte encor des pleurs & des foupirs.

B

D U O.

Qu'eft-ce donc que l'amour s'il caufe tant de peines ?

P R O S P E R.

Eft-il vrai que l'amour coûte tant de foupirs?

A Z É M I A.

Edoin parle toujours de tourmens & de chaines;

P R O S P E R.

Il m'a pourtant parlé de bonheur, de plaifirs.

A Z É M I A.

Ne dit-il pas toujours que c'eft un Dieu perfide ?
Et qui lance des traits qu'on ne peut éviter.

P R O S P E R.

Quelquefois il le peint comme un enfant timide ;
Un enfant, quel qu'il foit, eft-il à redouter?

E N S E M B L E.

Ah ! je voudrois m'inftruire
Et favoir à mon tour
S'il doit flatter ou nuire ;
Qu'eft-ce donc que l'amour ?

P R O S P E R.

Ecoute.

A Z É M I A.

Que veux-tu ?

P R O S P E R.

Vois ce que je propofe
Si l'Amour vient.

A Z É M I A.

Il faut le fuir ;
Pour éviter les maux qu'il caufe.

PROSPER.

Nous y perdrons le plaisir.

AZÉMIA.

Quoi! le plaisir.

PROSPER,

Oui, le plaisir.

AZÉMIA.

Prosper!

PROSPER.

Azémia!

AZÉMIA.

Que faire?

PROSPER.

Il faut choisir.

ENSEMBLE.

Ma foi l'Amour est un grimoire:
Il en dit blanc, il en dit noir,
 cher Prosper c'est toi que je veux croire;
Aimons-nous,
 aimons-nous si tu veux bien m'en croire,
C'est le moyen de le savoir.

PROSPER.

Va, peut-être l'Amour n'est pas si dangereux:
Tiens, l'oiseau que j'instruis, seul étoit malheureux,
Il sembloit au printemps regretter la campagne,
Par les conseils d'Edoin j'ai trouvé sa compagne;
S'ils s'apprivoisent mieux c'est depuis qu'ils sont deux,
Ils s'aiment & pourtant sont contens: il me semble
Que nous ne risquons rien à nous aimer comme eux,

AZÉMIA.

Tu le veux, il le faut ; mais cependant je tremble ;
Car s'il nous fait souffrir !

PROSPER.

Nous souffrirons ensemble.

AZÉMIA.

Ce motif là, Prosper, me décide à mon tour,
Allons, je me résigne aux malheurs de l'Amour.

PROSPER.

Paix, quel bruit inconnu vient frapper mon oreille?
On parle & cette voix n'est pas celle d'Edoin !
Seroit-ce par hasard des sauvages?

AZÉMIA *s'armant d'une espece de massue.*

Je veille,
Sur tes jours ; mais d'abord écoutons avec soin.

(Ils se cachent derriere les taillis.)

SCÊNE V.

FABRICE, TORNILH, *Trois* MATELOTS,
AZÉMIA, PROSPER *(cachés d'abord.)*

FABRICE.

CE coup de vent, monsieur, nous deviendra funeste,
Le ciel veut nous punir & je l'avois prédit.
Le fort le plus fatal est celui qui nous reste.

TORNILH.

Que crains-tu ? le reflux pourra sans contredit
Remettre la chaloupe à flot.

FABRICE.

　　　　　　Oh, fur mon âme,
Nous avons fait, monsieur, une action infâme
En trahissant votre oncle & notre commandant,
Pour vous rendre après lui maître du bâtiment.
Dans son petit bateau, sans armes, sans bagage,
Jamais il n'aura pu regagner le rivage.

TORNILH.

Que m'importe ! à présent son vaisseau m'appartient ;
Mais pouvois - je souffrir le cruel esclavage,
Où depuis si long - temps sa recherche nous tient ?

B 3

F A B R I C E.

Mais Mylord a laiſſé ſon ſecond équipage,
A vingt milles au plus , ſi l'on ſait nos complots,
Vous n'êtes pas bien ſûr de tous vos matelots.

T O R N I L H.

Tes maudites frayeurs laſſent ma patience ;
Ils diront que Mylord a péri dans les flots.
N'ai-je pas à prix d'or acheté leur ſilence ?
Je ſuis ſon ſucceſſeur : s'il eût trouvé ſon fils ,
J'étois privé de tout , à préſent je jouis.

F A B R I C E.

Allons, faſſe le Ciel qu'en ces climats ſauvages
On ne puniſſe pas notre rébellion ,
Je crains à tout moment que ma punition ,
Ne ſoit d'être avalé par des antropophages.

T O R N I L H.

Peſte ſoit du poltron.

F A B R I C E.

       Je ne m'en défends pas.
Tel que vous me voyez j'ai lu bien des voyages
Ces gens-là , ſans reſpect pour de jolis viſages
D'un homme tel qu'il ſoit ne vous font qu'un repas.

*(Ici il entend Azémia qui remue doucement
le taillis par curioſité & il s'enfuit.)*

Ahie , aihe , j'entends du bruit , l'iſle en eſt toute
     pleine.

TORNILH, *va au bruit & apperçoit Azémia.*
Ah! que vois-je?

FABRICE.

Monſieur, retournons ſur nos pas.

TORNILH.

J'en ſerais bien fâché : tiens, vois la bonne aubaine
Une femme.

FABRICE.

Ou peut-être un lutin déguiſé.

TORNILH.

Quel qu'il ſoit je l'aborde & rien n'eſt plus aiſé,
On voit même à travers ſes vêtements bizarres
Qu'elle eſt vraiment jolie & toute jeune encor.
Une femme ſauvage! oh! c'eſt un vrai tréſor.

FABRICE.

A vous entendre dire on les croiroit bien rares.

TORNILH.

Je m'en vais lui parler.

AZEMIA à PROSPER.

Il n'a pas l'air méchant.

Il parle comme nous.

TORNILH.

Fort bien, elle m'entend.

La bizarre avanture!... Écoutez, belle enfant.

B 4

F I N A L E.

TORNILH.

Quittez, quittez ces sauvages retraites
Si peu faites
Pour tant d'appas,
L'amour veut conduire vos pas;
Venez embellir nos climats.

AZÉMIA.

Quel singulier langage !
Monsieur, excusez-moi, je ne vous comprends pas.

TORNILH.

Quel singulier langage !
Sa candeur me ravit.

AZÉMIA à PROSPER.

Entends-tu ce qu'il dit ?

TORNILH.

Quittez, quittez cet air sauvage.

AZÉMIA.

Prosper, il m'appelle sauvage.
Monsieur, je ne suis point sauvage,
C'est vous qui l'êtes, je le crois.

FABRICE.

Monsieur, elle vous croit sauvage,
Elle s'y connoît, je le vois.

TORNILH.

Soyez donc moins peureuse,
Je veux vous rendre heureuse,
Il faut suivre mes pas,

AZÉMIA.
Qui ? vous me rendre heureuſe ?
Et mais , je ſuis heureuſe,
Je ne veux point ſuivre vos pas.

TORNILH,
Il faut vaincre ſa réſiſtance.

PROSPER, *s'armant de ſa maſſue*,
Oſeroit - on lui faire violence.

TORNILH,
C'eſt un rival. Quelle inſolence.
Qui donc eſt - tu ?

PROSPER.
Je ſuis armé pour ſa défenſe ;
Je veille ſur ſes jours.

TORNILH.
Allons, amis, qu'on les ſépare.

PROSPER.
Je la défends contre un barbare.

AZÉMIA, *s'armant auſſi.*
Proſper, je vole à ton ſecours.

AZÉMIA & PROSPER.
Je te défends au péril de mes jours.

TORNILH.
Tu les défends , qu'on les ſépare.
Quel eſt ton droit ?

PROSPER.
Quel eſt le tien ?

TORNILH.
Séparons-les, ne craignons rien.

AZÉMIA & PROSPER.

N'approchez pas,

TORNILH.

Ne craignez rien.

FABRICE, *en reculant toujours.*

Approchons-nous, ne craignons rien.

CHŒUR.

Ne craignons rien, ne craignons rien.

(*Les deux matelots s'emparent de Prosper qui se débat, Fabrice & Tornilh, avec le troisieme matelot, saisissent Azémia ; dans le moment où ils commencent à l'entrainer Edoin paroît, ce qui fait lâcher prise. Azémia se jette dans les bras de son pere & Prosper se joint à lui.*)

SCÈNE VI.

Les Précédens, EDOIN

EDOIN.

MA fille, ah ! qu'ai-je vu ? messieurs, que voulez-vous ?

FABRICE, *lâchant Azémia de surprise & de frayeur.*

L'isle est peuplée, il faut, monsieur, filer plus doux ?

EDOIN.

Arrête, jeune homme, arrête,
Qui que tu sois, crains mon courroux,
Du tout tu réponds sur ta tête.

FABRICE.

Ah ! c'est le diable, il faut, monsieur, filer plus doux.

CHŒUR.

Ah ! c'est son père, il faut filer plus doux.

TORNILH, *se rapprochant.*

Daignez, monsieur, daignez m'entendre,
C'est le hasard qui porte ici mes pas,
Je m'offrois de vous rendre
A de meilleurs climats.

EDOIN.

Après ce que je viens de voir,
Comment former un tel espoir ?

(*A Tornilh.*)

Si vous êtes sincère,
Tous les trois sans mystère
Arrachez-nous à ces forêts.

TORNILH,

Tous trois, mon rival ! non jamais.

EDOIN.

Je vois trop son coupable espoir.
Ah ! j'avois bien su le prévoir.

PROSPER.

Eh bien ! sans moi partez, mon père,
C'est votre bien je m'y soumets.

AZÉMIA, *se jettant dans les bras de Prosper.*

Te fuir, mon ami, non jamais.

TORNILH.

Décide-toi, plus de mystère,
Tous les deux seuls, voilà ma loi.

PROSPER.

Eh bien ! sans moi partez, mon père,
C'est votre bien, partez sans moi.

AZÉMIA & EDOIN.

Mon cher Prosper, partir sans toi,
Non, non, jamais!

TORNILH.

Décide - toi.

EDOIN, *avec fureur à Tornilh.*

Vas, fuis barbare, éloigne - toi,
Je rougirois de tenir rien de toi.

EDOIN, *embrasse ses en-*	TORNILH, *& ses mate-*
fans dans un des coins	*lots dans l'autre coin.*
du théatre, & dit avec	
eux.	
	Quelle fierté! quelle est sévère!
	Je suis tenté de t'en punir,
O! mon ami, nous désunir,	Ce soir à l'ombre du mystère,
Non, non, jamais, ma fille m'est	Nous reverrons cette fille si
trop chère.	chère.
(avec dédain.)	*(avec ironie.)*
Ah! laissez-nous seuls dans nos	Oui, nous vous laissons dans
forêts,	vos forêts;
Et recevez nos adieux pour ja	Oui, recevez nos adieux pour
mais.	jamais.
(Ils rentrent tous les trois	*(Ils sortent en se faisant*
dans la grotte d'Edoin	*des signes d'intelli-*
en se tenant embrassés.)	*gence.)*

Fin du premier Acte.

ACTE II.

Le Théatre ne change point.

SCENE PREMIERE.

MYLORD AKINSON & deux MATELOTS.

Premier **MATELOT.**

TOUT nous porte, Mylord, à reprendre courage,
Le fort qui nous permet d'aborder ce rivage,
Semble nous raffurer par un premier fecours.
Vous croyez, dites-vous, reconnoître cette Ifle ?

AKINSON.

Pour celle où de mon fils j'ai vu fauver les jours ;
Celle que je cherchois.

Premier **MATELOT.**

Soyez donc plus tranquille.

Et cherchons mieux.

AKINSON.

Hélas ! peine trop inutile,

Quand je retrouverois cet enfant malheureux,
Quel sort seroit le sien.

Premier MATELOT.

Cet homme généreux
Qui le sauva......

AKINSON.

Sans doute a quitté cette plage,
Et peut-être tous deux par la horde sauvage,
Auront-ils été pris & vendus comme moi,
Je ne conserve plus aucun espoir.

Premier MATELOT.

Pourquoi?
Ne nous reste-t-il pas des bras & du courage,
Tout est à vous, Mylord, dirigez-en l'emploi.
Que vois-je ! ah ! grands Dieux ?

AKINSON.

Quoi ?

Premier MATELOT.

C'est de votre équipage,
Le vil usurpateur avec vos Matelots.

AKINSON.

Dieux, favorisez-vous ses barbares complots,
Je ne puis immoler le perfide à ma rage.

Premier MATELOT.

Nous sommes désarmés, mais écoutons sans bruit,
Ils semblent occupés, tâchons de les entendre,
Et de leur entretien de tirer quelque fruit.

(Ils se cachent.)

SCENE II.

TORNILH, *& huit* MATELOTS, AKINSON,
& ses deux Compagnons cachés.

LE MATELOT *de Tornilh.*

LE maudit clair de lune ! il faudroit qu'il fît nuit.

Second MATELOT.

Eh bien! rien ne nous presse, & nous pouvons attendre.

MORCEAU D'ENSEMBLE.

TORNILH.

N'entend-on rien?

CHŒUR.

Non , rien.
L'instant approche : observons bien.

TORNILH.

Vous saurez l'endroit.

CHŒUR.

Fort bien.

TORNILH.

Il faut, amis de la prudence,
Du zèle & de l'intelligence.

CHŒUR.

Laissez-nous faire, tout ira bien.

AKINSON *& ses deux Compagnons, à part.*

Ecoutons bien, écoutons bien,
Ciel ! ô ciel ! de l'innocence
En ce moment seras-tu le soutien.

TORNILH.

Il faut, amis par la prudence,
Mériter votre récompense.

CHŒUR.

La récompense, tout ira bien.

(Tornilh sort.)

Un MATELOT.

Connois-tu la fillette ?

Second MATELOT.

Elle est fort bien.

AKINSON, *à part.*

Que parlent-ils de fillette ?

Second MATELOT.

Je dis qu'elle est fort bien,
Il faut enlever la poulette.

AKINSON, *à part.*

L'enlever ; ah ! les scélérats.

Second MATELOT.

Sans que le père en sache rien.

AKINSON.

AKINSON, *à part.*

Un père, ah! malheureux! hélas!

CHŒUR DES MATELOTS *de Tornilh.*

Il faut, amis de la prudence,
Du zèle & de l'intelligence,
Tout ira bien, tout ira bien.

AKINSON, *avec ses Matelots.* (*toujours à part.*)

Ciel! ô Ciel! de l'innocence
En ce moment seras-tu le soutien.

ENSEMBLE.

AKINSON, *& ses deux Matelots.*	LES MATELOTS *de Tornilh.*
Malheureux père, à cette offense, De t'opposer auras-tu le moyen?	Il n'est pas temps encore, Retirons-nous sans bruit, Au lever de l'aurore Il faut que tout soit dit. (*Ils sortent.*)

SCÈNE III.

AKINSON & *ses* MATELOTS.

AKINSON.

L'ÉTRANGE événement! on parle d'une fille,
L'Isle est donc habitée, & l'on peut espérer,
Tâchons de découvrir cette honnête famille,
De prévenir le coup que j'ai vu préparer;

C

Cette fille a son père ; ah ! c'est lui qui peut-être
Sans pouvoir me sauver, jadis sauva mon fils,
Il m'apprendroit son sort, tous les deux réunis,
Nous pourrions nous aider à nous venger d'un traître,
Certain pressentiment dont je ne suis pas maître,
M'a rendu quelque espoir.

Un MATELOT.

     Oui, cherchons avec soin ;
Votre vaisseau, Mylord, ne peut pas être loin.

AKINSON.

Bon ! sans nous exposer tâchons de tout connoître,
Et toi qui vois mon cœur. Ciel ! sers-nous au besoin.
(*Ils sortent tandis que Prosper & Edoin sortent*
aussi de leur grotte.)

SCÉNE IV.

EDOIN, PROSPER.

EDOIN.

Le soleil dès long-temps a fini sa carrière,
Il faut nous séparer.

PROSPER.

     Toujours vous me chassés,
Je n'ai pas sommeil, moi.

EDOIN.

     L'astre de la lumière

Veut voir, en s'éloignant, tous les travaux cessés;
Tu vois bien que tout dort dans la nature entière.

PROSPER.

Mais la nuit dure trop, & le jour pas assez,
Si pour dormir j'étois plus près de vous encore,
Mais tu m'as mis si loin, explique-moi pourquoi.

EDOIN.

J'ai mes raisons.

PROSPER.

Toujours des raisons que j'ignore.

EDOIN.

Maintenant que tu sais qu'elle est femme, je dois
Sur cet éloignement être encor plus sévère.

PROSPER.

A propos, je t'en veux, tu m'avois fait mystère;
Je ne te mens jamais, & tu me mens toujours.
De l'homme policé si c'est là l'avantage.

EDOIN.

Tu m'affliges, Prosper, avec un tel discours;
J'ai voulu de l'amour préserver ton jeune âge.

PROSPER.

Et c'étoit fort mal vu; car si le mariage
Peut donner le bonheur dès qu'on fait un bon choix,
Tu n'avois qu'à m'unir à ta fille.

EDOIN.

Des loix,

C 2

'Auxquelles j'ai juré de demeurer fidele,
Ne me permettent pas de t'unir avec elle.

P R O S P E R.

Mais tu m'as dit toujours que les Rois font la loi,
Etant feul en ces lieux, tu dois feul être Roi,
Sois donc légiflateur.

E D O I N.

               Tant que l'efpoir me refte,
De retrouver ton père ou de quitter ces lieux,
Je ne puis vous unir, mon devoir, tes ayeux
Me font de ce refus une loi trop funefte;
Mais entends, mon ami, le ferment que je fais,
Qu'un an s'écoule encor fans aucune nouvelle,
Ma fille t'appartient, je t'unis avec elle.

P R O S P E R.

Dans un an, fonges bien à ce que tu promets,
Et dis-moi: l'ifle alors ne fera plus déferte.
Comment . . . .

E D O I N.

       'Aux queftions voilà l'entrée ouverte.

D U O.

E D O I N.

Il eft bien tard, féparons-nous,
Demain j'en dirai davantage:
Adieu, Profper, adieu, fois fage,
Il eft bien tard, féparons-nous.

PROSPER

Il n'eſt pas tard, expliquons-nous,
De grace dis-m'en davantage,
Un ſeul mot, je ſerai ſage,
Dis-moi le ſecret des époux,
Dès qu'une fois on eſt époux.

EDOIN.

L'hymen à des devoirs engage.

PROSPER.

Et moi, pour ces devoirs, je me ſens du courage;

EDOIN.

Tous ces devoirs.

PROSPER.

Seront ſi doux.

EDOIN.

Ils ſont nombreux.

PROSPER.

J'ai du courage;
Ah ! dis-les moi, je les ſuivrai.
Dis-les moi tous, je t'en ſupplie,

EDOIN.

D'abord c'eſt un ſerment ſacré
D'être unis pour toute la vie.

PROSPER.

Et puis….

EDOIN.

Et puis on s'impoſe la loi
De voir, d'agir & de penſer de même;

PROSPER.

Et puis.....

EDOIN.

Et puis.... l'épouse à ce qu'elle aime
Doit donner son cœur & sa foi.

PROSPER.

Et puis.....

EDOIN.

Et puis.... il est bien tard séparons-nous.

ENSEMBLE.

<table>
<tr><td>EDOIN.</td><td>PROSPER.</td></tr>
<tr><td>Il est bien tard, séparons-nous,
Demain j'en dirai davantage.
Adieu, Prosper, adieu, sois sage.</td><td>Il n'est pas tard, expliquons-nous,
De grace, dis-m'en davantage.
Expliquons - nous, expliquons-
nous.</td></tr>
</table>

PROSPER.

Si c'est-là tout, pour être époux,
Je n'aurai pas grand peine à l'être.

EDOIN.

Comment ?

PROSPER.

Tous ces devoirs si doux,
J'avois appris à les connoître.

EDOIN.

Tu les connois!

PROSPER.

Ils sont si doux.

EDOIN.

Dis-moi comment ?

PROSPER *montrant son cœur.*

Voici mon maître.

EDOIN.

Allons, Profper, parle à ton gré,
Dis-moi comment, je t'en fupplie ;

PROSPER.

Avec ta fille aujourd'hui j'ai juré,
D'être unis pour toute la vie.

EDOIN.

Et puis. . . .

PROSPER.

Et puis nous nous fommes fait une loi
De voir, d'agir & de penfer de même ;

EDOIN.

Et puis. . . .

PROSPER.

Et puis Azémia qui m'aime,
M'a promis fon cœur & fa foi.

EDOIN.

Et puis. . . . .

PROSPER.

Et puis. . . . il eft bien tard, féparons-nous.

<table>
<tr><td>EDOIN.</td><td>PROSPER.</td></tr>
<tr><td>Il n'eft pas tard, expli ons-nous,
Quoi! tu n'en fais pas davantage,
Eft-ce bien tout, adieu, fois fage·
Dans un an vous ferez époux.</td><td>Il eft bien tard, féparons-nous;
Non, je n'en fais pas davantage,
Eft-ce bien tout, je ferai fage,
Dans un an nous ferons époux.</td></tr>
</table>

C4

PROSPER.

Je n'en fais pas plus long.

EDOIN.

Tu fais tout.

PROSPER.

Oh ! j'espere

Qu'à la fin j'en faurai tout autant que mon pere
Dans un an ; le beau jour, mais que c'eft long ! mon
Dieu !

EDOIN.

Nous emploirons le temps, laiffe-moi faire, adieu.

(Il l'embraffe, l'enferme, & dit en s'en allant.)

Dans fa fimplicité que la nature eft belle !
Azémia repofe, allons veiller pour elle.

(Tandis qu'Edoin fort, & que Profper rentre dans
fa grotte, Azémia paffe la tête par la porte de
la fienne, & voit partir fon pere.)

SCENE V.
AZÉMIA, *seule.*

Bon, il laiſſe la porte ouverte ! ah ! quel plaiſir,
Quand mon père eſt abſent, je ne ſaurois dormir,
Je vais l'attendre ici : la ſuperbe ſoirée !
Proſper dort ſûrement.... c'eſt pourtant ſingulier.
Oh ! s'il ſavoit que j'ai le deſir de veiller,
Il paroîtroit bientôt, j'en ſuis bien aſſurée.

CHANSON.

Ah ! qu'il eſt doux, ſous la verdure ;
De venir goûter la fraicheur,
Mais ſeule admirer la nature,
Ah ! c'eſt bien dur, hélas ! tout le dit à mon cœur,
Comment veiller dans ſa retraite,
Lorſque tout ſemble y ſommeiller,
Oh ! non, non, non, pour bien veiller
Il ne faut pas veiller ſeulette.

Il dort de tout ſon cœur & n'entend pas ma voix.
(*En baillant.*)
Je ne ſais, mais le temps n'eſt plus ſi beau, je crois.

Second COUPLET.

En vain le chant de la ſauvette
Se fait entendre dans nos bois,
Si le roſſignol ne répète,
Ah ! c'eſt bien dur, hélas ! elle n'a plus de voix.
Comment chanter dans ſa retraite,
Si l'on ne vient vous écouter ;
Oh ! non, non, non, pour bien chanter
Il ne faut pas chanter ſeulette.

SCENE VI.

PROSPER *sur son côteau*, AZÉMIA.

AZÉMIA.

AH! te voilà!

PROSPER.

Comment, tu n'es pas enfermée!

AZÉMIA.

Non vraiment, mais tu l'es toi.

PROSPER, *voulant gravir.*

Je descendrois bien.

AZÉMIA, *précipitamment.*

Non, je te le défends.

PROSPER.

Pourquoi?

AZÉMIA.

Je n'en sais rien,

Mais tu m'obéiras si je suis bien aimée,
Sinon je fuis & vais moi-même me cacher.

PROSPER.

Ah! reste Azémia, la peur de te déplaire
Est le plus fort lien qui puisse m'attacher.

Je ne fais pourtant pas ce que tu crains.

AZÉMIA.

Mon pere

M'ordonne de te fuir : réfifter à fes loix
Deviendroit pour mon cœur une peine infinie,
Quand j'ai défobéi, pour la premiere fois,
Ce matin, à l'inftant le ciel m'en a punie,
En nous expofant tous. Il faut en croire Edoin,
Il en fait plus que nous.

PROSPER.

Je fuis pourtant bien loin

Pour caufer. Je voulois t'apprendre une nouvelle :
Veux-tu bien la favoir.

AZÉMIA.

Sans doute, quelle eft-elle ?

PROSPER.

Nous ferons mariés dans un an.

AZÉMIA.

Tout de bon ?

PROSPER.

Tout de bon, à la fin Edoin parle raifon ;
Je crois bien qu'il me cache encore quelque chofe,
Ce qui fera fans doute un bonheur accompli,
Car je fens que mon cœur me le promet ainfi :
Et tu fais que mon cœur jamais ne m'en impofe.

Azémia.

Bah! je fais ce que c'eft moi:

Prosper,

        Toi! Comment cela?
Je n'aurois pas été fâché de te l'apprendre,
Tu fais tout avant moi, cela doit me furprendre,
D'où tiens-tu ta fcience?

Azémia.

        Eh bien! Ecoute-la.
Tu dois te rappeller qu'après fon mariage,
Ma naiffance a, dit-on, rendu mon pere heureux.
C'eft que quand on s'époufe on ne refte pas deux,
Nous deviendrons plufieurs ; voilà tout, je le gage.

Prosper.

Oh! je favois cela, vas je ferai content
Quand nous ferons plufieurs qui t'aimerons autant.
Mais comment? Car c'eft - là le grand point que
    j'ignore.

Azémia.

Oh! ma foi, comme toi je n'en fais rien encore.
Mais quand cela viendra nous pourrons bien le voir,
Le plaifir de chercher vaut celui de favoir.

Prosper.

Il faut que je te dife: hier, par avanture,

Ton pere a dans ces bois perdu certain billet
Que j'ai trouvé. D'abord j'ai cru qu'il m'inſtruiroit,
C'eſt de ta mère : il peint la flâmme la plus pure,
Le bonheur le plus vif : mais ne dit encor rien.

AZÉMIA.

Oh ! je voudrois le voir.

PROSPER.

Demain.

AZÉMIA.

Non, ce ſoir même.
Demain ſeroit trop tard pour mon deſir extrême:

PROSPER.

En le jettant d'ici, tu le recevrois bien,
Mais comment pourras-tu faire pour me le rendre,
Car je veux le ravoir.

AZÉMIA.

Soit, je vais te l'apprendre;
En feuillages tu peux compoſer un lien,
Le long de ces rochers tu le feras deſcendre,
Par ce moyen je puis le tenir de ta main
Et te le renvoyer par le même chemin,

D U O.

P R O S P E R, *préparant le lien.*

Oui reçois le billet joli
Tracé par le myſtère ,
C'eſt la main de ta mère ;
'Adorant un époux bien chéri ;
Quand pourrai-je l'être autant que lui.

A Z É M I A.

S'il revenoit.

P R O S P E R.

Je crois l'entendre.

A Z É M I A.

Je ne vois rien.

P R O S P E R.

Regarde bien.

E N S E M B L E.

Craignons de nous laiſſer ſurprendre ;
          (*Proſper deſcend le billet.*)

A Z É M I A.

'Ah ! je le tiens.

E N S E M B L E.

Plaiſir extrême,	Plaiſir extrême,
Oui je veux le lire moi-même,	Oui, tu vas le lire toi-même ;
Et voir s'il eſt doux	Oui, lis-le, tu verras, tu ver-
Le vrai langage des époux.	ras s'il eſt doux
	Le vrai langage des époux ;

A Z É M I A, *lifant.*

» Je fuis donc toute à toi, cher époux que j'adore,
» Ah ! Quels doux fentimens tu me fais éprouver,
» Au bonheur de t'aimer l'hymen en ajoute encore;
» Le droit de te le dire & de te le prouve.

Ah ! comme il eft joli.

P R O S P E R.

Toute à toi que j'adore.

A Z É M I A.

Le droit de te le dire.

P R O S P E R.

Et de te le prouver.

Sans mufique.

Comment le trouve-tu ?

A Z É M I A.

Bien joli.

P R O S P E R.

Rends-le-moi.

A Z É M I A, *le baifant.*

Tiens : fuppofe qu'il foit de ma main & pour toi,

(*la mufique reprend.*)

Oui reçois ce billet joli,
Tracé par le myftère,

E N S E M B L E.

ma
C'eft la main de   mère,
ta
Adorant un époux bien chéri ;
Quand pourrai-je
l'être autant que lui.
Sois bien fûr de

AZÉMIA,

S'il revenoit,

PROSPER.

Je crois l'entendre,

AZÉMIA.

Je ne vois rien.

PROSPER.

Regarde bien.

ENSEMBLE.

Gardons de nous laisser surprendre;

(Le billet remonte.)

PROSPER, le baisant.

Ah ! je le tiens.

ENSEMBLE.

Plaisir extrême;
                te lirai
Oui je   bien de même;
                t'écrirai
Avec toi je sens bien qu'il sera toujours doux
Le vrai langage des époux,
Il faut attendre & bien nous taire
Nous le verrons cet heureux jour !
                    mon
Où l'aveu de   pere
                    ton
Nous laissera parler d'amour ;

Sans

Sans crainte & sans mystère
Je pourrai   ma
   tout comme   mère
Tu pourras   ta
Te   te   ma
  donner   prouver   foi,
Me   me   ta
     toi,
En étant comme elle tout à
     moi.

(Les matelots de Tornilh rentrent & la guettent
à travers les arbres, le ciel s'obscurcit.)

Premier MATELOT.

Nous arrivons à temps, elle est seule.

Second MATELOT.

     Tant mieux.

AZÉMIA.

Que dis-tu ?

PROSPER.

Rien.

AZÉMIA.

  Allons, je vais quitter ces lieux

Adieu Prosper.

PROSPER.

Déja.

AZÉMIA.

   La lune s'est cachée,
Mon père va rentrer & je serois fâchée

     D

Qu'il me vît avec toi feule m'entretenir.

PROSPER.

Ce foir plus que jamais cet adieu là me coûte.

AZÉMIA.

Moi de même, Profper, je dois en convenir.
Oh! c'eft l'événement du matin qui fans doute
Nous laiffe du danger encore un fouvenir,
Mais la nuit va calmer toute crainte, & l'aurore
Nous promet le plaifir de nous revoir encore;
Adieu, pour cette fois, c'eft tout de bon.

PROSPER.

                     Adieu.

MATELOT.

Prends garde, la voilà, l'inftant eft favorable,
Qu'elle ne rentre pas. (*à part*) Tout nous fert en
       ce lieu,
Le ciel s'eft obfcurci, le temps eft admirable.

FINALE.

(*On voit à travers les arbres paffer Azémia dans
les bras des matelots, en criant d'une voix étouf-
fée dans la couliffe.*)

AZÉMIA.

Au fecours, au fecours.

PROSPER, *qui defcendoit, fe retourne.*

O ciel! qu'ai-je entendu!
           Azémia, je crois, appelle.

AZÉMIA, *plus éloignée.*

Au secours, au secours.

PROSPER.

J'entends sa voix ; c'est elle ;
Oui je la vois tout est perdu ;
On l'enlève, volons , ô ciel ! tout est perdu.

(*Il prend un fusil, gravit les rochers, se précipite*
& court à travers la forêt, pendant ce temps la
ritournelle diminue & le père entre sur la fin, du
côté opposé.

SCENE VI.

EDOIN, *seul.*

TOUT m'a paru calme & tranquille ;
Ces infâmes brigands sans doute sont partis.
O ma fille , ô mon fils !
Vous reposez dans cet asyle ;
Jouissez d'un sommeil tranquille,
Soyez heureux & je le suis.

(*Il veut rentrer lentement du côté de sa grotte, le*
bruit l'arrête & le force d'être présent à la scene
suivante.)

D 2

SCENE VIII.

'AKINSON *& ses deux* MATELOTS, *qui
tous trois arrêtent & ramènent* PROSPER *éche-
velé,* EDOIN.

AKINSON, *tenant en main le portrait.*

Mon fils, écoute-moi.

PROSPER.

Pardon, pardon mon père;
Il faut voler à son secours.

CHŒUR & EDOIN.

Quoi! c'est son fils, ô sort prospère!
Le ciel a conservé ses jours !

EDOIN.

C'est Akinson.

PROSPER.

Pardon, mon pere;
D'Azémia sauvons les jours.

EDOIN.

Ma fille, ô ciel!

PROSPER, *à Edoin.*

On l'enlève.

EDOIN.

Au secours;

Volons.

AKINSON.

Arrêtez-vous.

TOUS.

Volons à ton secours.

AKINSON & le CHŒUR.

Calmez-vous, apprenez

EDOIN.

Volons à son secours ;
Vous retrouvez un fils & moi je perds ma fille :
Volons, volons à son secours.

AKINSON.

Vous doublez le danger au lieu de la servir ;
Contre tant de brigands la force est inutile,
Mais il me reste encore l'espoir de réussir ;
Le vent, en dépit d'eux, les retient dans cette isle ;
Mon vaisseau, votre fille, on peut tout leur ravir.

EDOIN.

Comment ?

AKINSON.

Écoutez-moi,

EDOIN.

Parlez, le temps nous presse.

AKINSON, *seul.*

Armez-vous, armez-moi, nous pourrons nous venger.

D 3

Venez , venez, le temps preſſe,
Je réponds qu'avec adreſſe,
Par la ruſe & la fineſſe ,
On peut encore punir ce forfait odieux ;
Armons - nous & quittons ces lieux.

CHŒUR, *en briſant les portes des grottes & s'armant
de fuſils , de poudre, de haches & de piſtolets.*

C'eſt bien dit , armons-nous, fans craindre le danger,
Il faut périr où nous venger ;
Le ciel faura nous protéger.

Fin du ſecond acte.

ACTE III.

Le Théatre repréſente un côté de l'iſle plus découvert. La mer doit occuper le fonds & toute la partie droite du théatre, on doit voir à quelque diſtance du rivage le vaiſſeau à l'ancre. Il doit être diſpoſé de maniere à laiſſer voir la pouppe & une ſeule partie du pont. On doit appercevoir, preſque en face, les fenêtres du vaiſſeau, une voile doit prendre preſque au bord & remonter juſqu'au mât d'artimon. Le bâtiment en aura deux.

A l'autre côté du théatre, preſque vis-à-vis le vaiſſeau, doit être une chaloupe un peu grande, couverte d'un tandelet, qui puiſſe cacher les acteurs qui ſeront dedans & s'ouvrir à volonté pour les laiſſer voir.

Quelques bouquets d'arbres çà & là ſur le côté du Roi dans un deſquels ſoit un faiſceau d'armes.

L'entre-acte pourroit être rempli par l'enlevement d'Azémia, qu'on verroit dans une chaloupe entraînée malgré ſes efforts juſqu'au vaiſſeau & enfermée.

Les matelots ſe divertiſſent entre eux de la réuſſite de leur entrepriſe. Ballet.

Le Théatre eſt éclairé par la lumiere d'un fanal allumé ſur le vaiſſeau.

SCÈNE PREMIERE.

TORNILH, FABRICE.

RÉCITATIF.

TORNILH.

Mon aimable captive est donc en ma puissance
Et j'attends pour la voir un moment plus heureux,
Mais en quittant ces bords j'emporte l'espérance
De lui faire accepter mon hommage & mes vœux.

ARIETTE.

Amour, c'est pour ta gloire
Que tu dois guider mes pas,
Triomphe dans tous les climats,
Tu dois m'assurer la victoire.

J'ai triomphé de tant de belles ;
Que je suis las de tes faveurs ;
Mais tu ranimes mes ardeurs
En m'offrant des appas rebelles.
Je ne suis point fait aux rigueurs.
Charmant objet du désir qui m'enflame,
Ta grace & ta candeur ont droit de me charmer ;
L'espoir flatteur de régner sur ton ame,
Ramène encor mon cœur au doux besoin d'aimer.

Amour, c'est pour ta gloire, &c.

TORNILH à *FABRICE*.

Notre beauté farouche eft-elle raffurée ?

FABRICE.

Elle eft dans le vaiffeau, toujours défefpérée
Appellant à grands cris fon père & fon amant.

TORNILH.

Elle ne peut pourtant s'échapper ?

FABRICE.

Nullement.

Mais fi vous l'aviez vûe ! ah ! Monfieur, c'eft un diable
Elle fe défendoit comme un petit dragon.
Il faut bien la veiller: de tout elle eft capable,
Vous voyez fa lumière.

TORNILH.

Elle entendra raifon.
Sitôt qu'elle verra fes cris hors de faifon.
Et le vent ?

FABRICE.

Toujours nord & très-peu favorable :
Mais il tourne.

TORNILH.

Tant mieux.

FABRICE.

Tant mieux, oui, fûrement,
'Ah ! monfieur, je defire avec empreffement.

Le moment de quitter ces forêts fi fauvages,
J'ai toujours, malgré moi, certain preffentiment
Qu'il nous arrivera malheur fur ces rivages.
Cet homme va chercher fa fille, il eft forcier,
Il n'a qu'à raffembler tous les lutins de l'ifle.
Rappellez-vous fes traits & fon habit groffier
C'eft ici le Sabbat: je ne fuis pas tranquille,
L'eau, le vent, tout s'attache à nous contrarier
Tout eft à redouter, les forciers, les fauvages;
Je vous donne, monfieur, les raifons les plus fages.
Il faut faire au plutôt la provifion d'eau
Et nous remettre en mer avec notre vaiffeau.

TORNILH.

Eh bien! retourne à bord, appelle à l'inftant même
Les douze matelots qui vont y travailler.

(Fabrice appelle, fans aller au vaiffeau, & les
matelots viennent dans un petit bateau.)

Vous gardez ma captive, avec un zèle extrême,
Je la dois à vos foins, achevez d'y veiller,
Je compte à mon retour au fein de l'angleterre
Trouver enfin l'inftant de vous récompenfer.
Nous ne tarderons pas à partir, je l'efpère;
Une heure nous fuffit pour ce qui refte à faire,
Le travail me regarde & je vais le preffer.
Si l'on vous attaquoit vous pourriez vous défendre
Mais à d'autres qu'à moi gardez-vous de vous rendre.

(Pendant ce Couplet Fabrice a reconduit à terre les

matelots, & pendant les cinq vers suivants il re-
conduit les autres & revient.)

Mes amis , hâtons-nous & profitons du temps ;
Le soin de nous lester doit durer peu long-temps
Si nous travaillons tous avec un soin extrême,
Et je vais vous aider en travaillant moi-même.

    (à Fabrice.)

Fabrice restera pour nous attendre ici,
Pour garder la chaloupe & nos armes aussi ,
Nous le rejoindrions s'il lui falloit main - forte
Garde-toi de quitter ton poste.

FABRICE.

        M'y voici.
Vous n'avez pas besoin d'avoir peur que j'en forte
Je vous obéirai pleinement sur ce point.
Mais le repos m'est cher , je ne m'en cache point.

SCENE II.

FABRICE, *seul.*

QUAND pourrai-je me voir au se'n de ma patrie,
Conter à tout venant l'histoire de ma vie;
Comme on m'écoutera, comme je mentirai!

A I R.

Ah! que je sens d'impatience
Mon cher pays de te revoir !
Et d y pouvoir avec aifance
Me repofer matin & foir.
Je vais revoir ma femme & ma patrie,
Oh! c'eft un grand plaifir que celui-là.
Ma ménagère eft fi jolie,
Comme elle me careffera;
Et puis mes enfans : mon petit papa,
Comment, vous voilà!
Contez-nous donc çà,
Qui me baifera?
Qui m'embraffera ?
C'eft moi, c'eft moi; oh! quand je ferai là,
Voyage qui voudra.

Second COUPLET.

Fi de la mer & des orages,
Plus de dangers, plus de combats;
Du bon vin, de jolis vifages,
Sommeil tranquille & bon repas;
Je dois aimer ma femme & ma patrie,
C'eft mon premier devoir que celui-là;
Ma ménagère, &c.

Troifième COUPLET.

Pour s'amufer de mon voyage,
Viendront chez moi les curieux,
Je mentirai fuivant l'ufage
Et l'on ne m'en croira que mieux;
J'amuferai ma femme & ma patrie
Chacun bouche béante écoutera;
Ma ménagère &c.

J'ai cru toute la nuit fur ces maudits rivages
Voir roder des canots tout remplis de Sauvages;
J'aime bien mieux refter tranquille en attendant,
Car je ne voudrois point pour vivre dans l'hiftoire
De quelques voyageurs faire ici le pendant.
  (*en s'affeyant.*)
Monfieur Tornilh a fait une action bien noire:
Pauvre mylord! Combien je l'aimois: Dieu merci
Je n'ai rien approuvé, rien fait dans tout ceci.
Mais s'il leur arrivoit quelque méfaventure,
C'eft à moi qu'appartient le vaiffeau que voici,
Cet efpoir confolant tant foit peu me raffure:
Tâchons en l'attendant de goûter le fommeil;
Si j'allois avoir fait fortune à mon réveil.

SCENE III.

(Tandis que Fabrice s'arrange complaisamment pour dormir, deux Sauvages qui l'examinent le saisissent tour-à-tour par un bras.)

TRIO.

(Les parties de Sauvages se réduisent à quelques mots placés ad libitum, ou indiqués par le musicien.)

Les mots Sauvages sont : yach mala.

FABRICE.

AHIE, aihe, ah ! Je suis mort pauvre Fabrice !
   Hélas ! c'est fait de moi
Oui, oui, messieurs, fort à votre service ;
   Que voulez-vous faire de moi ?
Mes bonnes gens ! ah ! les vilaines gens ;   *(bis)*.
Me dévorer, non, non, prenez pitié de moi.
   Ah ! grands dieux, quel supplice.
   Ils ne m'entendent pas.
Si je pouvois m'échapper de leurs bras.

(Il fait un lazzi pour s'échapper, une troupe de Sauvages s'oppose à son passage & les deux premiers le ressaisissent).

   Aihe, aihe, ah ! je suis mort &c.
   S'ils pouvoient me croire Sauvage ;
   Tâchons, tâchons de les imiter.

(Il contrefait comiquement leurs attitudes & leur prononciation.)

Je les fais rire, allons, courage.

(Les Sauvages le fouillent, tirent sa tabatiere, &
malgré les efforts de Fabrice qui veut les détourner,
ils portent le tabac à leur bouche, ce qui les irrite.)

Ils semblent s'irriter,
Ah! Dieux, quelle disgrace!
Quelle laide grimace.

(Ils l'attachent à un arbre.)

Aihe, aihe, aihe, ah! les vilaines gens;

(Ils dansent autour de lui.)

Hélas, je n'ai plus d'espoir;
Adieu mon pays, més amis, adieu, bon soir.

(Ici la troupe de Sauvages se retire d'un air effrayé,
& les deux qui tenoient Fabrice se retirent aussi pour
suivre les autres; Fabrice reste seul.) On éteint le
fanal du vaisseau.

S C E N E I V.
FABRICE, *seul.*

ILS attendent sans doute une autre occasion
Et de me dévorer ce n'est pas encore l'heure,
Faut-il donc qu'en ces lieux sans secours je demeure
Sans doute ils m'ont mis là, pour la provision.
Ils sont partis : crions......ô ciel ! quelle avanture !
J'apperçois Akinson qui porte ici ses pas,
Puis le sorcier de l'isle & sa progéniture;

Je suis de tous les côtés en méchante posture :
Mais pour le moins ceux-ci ne me mangeront pas.
Les voici : taisons-nous, sachons ce qu'ils vont dire.

SCENE V.

AKINSON, PROSPER, EDOIN, deux MATELOTS d'Akinson.

(Ils entrent avec précaution : sans voir Fabrice ni le vaisseau.

AKINSON.

Espérons tout du ciel qui ma rendu mon fils,
Il doit punir Tornilh & protéger un père,
Il l'écarte à dessein, le chemin qu'il a pris
L'éloigne du vaisseau pour une heure, & j'espere
Que nous pourrons encor.....

EDOIN.

						Azémia ! ma fille !
Où la trouver ? Comment l'espérer aujourd'hui ?

AKINSON.

Votre fille d'abord n'étoit point avec lui,
D'espoir pour cet instant c'est un rayon qui brille,
Sans bruit, si nous pouvons, joignons le bâtiment,
Oui, c'est dans le vaisseau qu'elle est bien sûrement,
Et confiée aux soins de ce traître Fabrice.

						FABRICE.

FABRICE, *à part.*

On me tient.

AKINSON.

Le premier il faudra qu'il périsse.

FABRICE, *toujours à part.*

Bien, mon sort s'adoucit.

EDOIN.

Ne m'avez-vous pas dit

Que de la trahison il n'étoit pas complice ?

AKINSON.

Il étoit si poltron.

FABRICE, *à part.*

Poltron, sans contredit;

Mais je voudrois bien voir le plus brave à ma place

EDOIN.

Si nous pouvions savoir dans quel endroit il est.

FABRICE, *à part.*

Pas loin.

EDOIN.

En l'effrayant.

FABRICE, *à part*

C'est aisé:

EDOIN.

Par menace

E

On pourroit le gagner.

FABRICE, à part.

Oh! oui, c'est déja fait.

AKINSON.

Il étoit en effet bien poltron, mais bon diable
J'avois même pour lui quelque peu d'amitié.

FABRICE, très-haut.

Ah! j'en mérite encor tant, je suis misérable.

AKINSON le couchant en jaue.

Ah! malheureux!

FABRICE.

Doucement, par pitié,

PROSPER.

Mais il est enchaîné, quelle bizarrerie!
Qui l'a donc placé là?

FABRICE.

Des Sauvages!

EDOIN.

Grands Dieux!

Où sont-ils? quel danger!

FABRICE.

Hélas! mes bons messieurs!

Vous leur avez fait peur, ils ont quitté ces lieux,
Je pourrois vous servir, accordez-moi la vie.

E D O I N.

Ma fille, que fait-elle ?

F A B R I C E.

        Elle est dans le vaisseau,
Tandis qu'on fait au loin la provision d'eau,
Vous voyez sa fenêtre.

E D O I N,

Ah ! courons;

F A B R I C E,

        Prenez garde :
Huit matelots armés y veillent pour sa garde,
Ce sont précisément les huit les plus mutins ;
Vour perdez votre fille.

E D O I N.

        Hélas ! que faut-il faire ?

F A B R I C E.

Me délier d'abord, c'est le plus nécessaire.

E D O I N à A K I N S O N.

Mylord, il peut servir à changer nos destins
      (On le délie.)

              E 3

F A B R I C E.

Mille fois grand merci: je commence à comprendre
Que l'habit de monfieur eft plus diable que lui;
Mais il m'a, j'en conviens, fait grand peur aujourd'hui.
Voulez-vous fans danger les contraindre à fe rendre ?
Il faudroit en premier effayer la douceur;
'A la voix de Mylord, ils reviendront peut-être,
Si non les effrayer au nom du Gouverneur;
De les combattre après, on fera toujours maître ;
Mais vous fentez combien ce combat inégal,
'A tout le monde ici peut devenir fatal.
Je m'en vais leur parler, & j'ai bonne efpérance.

E D O I N.

O Ciel ! fers en ce jour l'amour & l'innocence.

M O R C E A U D'E N S E M B L E.

F A B R I C E *monte dans la chaloupe & appelle.*

Jones ; Smith, With, Patrice.

E D O I N, A K I N S O N, P R O S P E R & *les deux Matelots.*

Ciel fers nos vœux, vois nos foupirs ;
Rends-nous l'objet de nos defirs.

F A B R I C E.

Jones, Smith, With, Patrice,
O mes amis, écoutez-moi:
Reconnoiffez Fabrice.

CHŒUR *du vaisseau.*

Eh bien ! que veut Fabrice ?

FABRICE.

De l'honneur écoutons la loi.
Voici Milord, c'est Akinson,
Abandonné par trahison,
Soumettons-nous, plus de myftere :
Craignons fur-tout d'attirer la colere.
Du Gouverneur de ce canton.
Voici Mylord, c'est notre maître.

AKINSON, EDOIN, PROSPER.

Ceffez de fervir un traître,
Et de partager fes forfaits :
Vous pourrez mériter mon indulgence ;
Ou craignez les effets de ma vengeance ;
Choififfez à l'inftant pour jamais
Ou mon courroux ou mes bienfaits :
Vous rendez-vous ?

CHŒUR *du vaisseau.*

Non,

FABRICE.

O mes amis !

CHŒUR.

Non, non, non, non.

P R O S P E R *avec une fureur concentrée.*

Eh bien ! il faut à l'inſtant même
Trouver la vengeance ou la mort.

A K I N S O N, E D O I N, *les deux* **M A T E L O T S.**

Dans notre déſeſpoir extrême,
Mourir, amis, c'eſt notre ſort.

La muſique continue , mais le reſte de l'action de cette ſcene eſt la Pantomime ci - deſſous.

Pendant les quatre derniers vers , Fabrice prépare la chaloupe , & ils y montent tous ſix pour aller au vaiſſeau ; les matelots du bâtiment ſe diſposent à la défenſe. Azémia paſſe un morceau de bois allumé par la fenétre & met le feu à la voile ; la fumée fait pouſſer un cri aux matelots du vaiſſeau , enſuite à ceux qui ſont dans la chaloupe , qui ſe preſſent de joindre le vaiſſeau , de toutes leurs forces. Le feu gagne ; tous les matelots du vaiſſeau ſe jettent dans un petit bateau, quelques - uns à la nage. Azémia paroît ſur le pont , elle cherche ſon pere, l'apperçoit, pouſſe un cri, plonge dans la mer un matelot plus hardi, qui veut encore s'en emparer, & ſe précipite dans les flots. Proſper ſe jette de la chaloupe, après elle ; Edoin & Akinſon les rejoignent, & tout le monde aborde au rivage. A peine Azémia s'eſt - elle précipitée que le vaiſſeau éclate & ſaute avec fracas.

(Quand on eſt arrivé à bord tout le monde
s'embraſſe.)

EDOIN.

Azémia, c'eſt toi : quel heureux coup du ſort !
Mon cœur ſuffit à peine à ce premier tranſport.
Quoi le ciel me conſerve & ma fille & la vie !

AZÉMIA.

Oui, mon pere, c'eſt moi, votre fille chérie,

EDOIN.

Ah ! par combien d'écueils il nous conduit au port !
A mes deſirs quel Dieu ſemble t'avoir rendue ?

AZÉMIA.

Mon courage : j'ai vu tout ce qui s'eſt paſſé
Leur refus inhumain, l'eſpérance perdue,
Votre péril, le ſien : interdite, éperdue,
Au moment du combat tout mon cœur s'eſt glacé
Il falloit ſur vos jours voir la mort ſuſpendue,
Ou vous perdre ou périr : je n'ai pas balancé,
Mettant le feu moi-même à leur maiſon flottante
Je vous ſauvois du moins & je mourrois contente,
L'effet de mon courage a paſſé mon eſpoir,
La flamme m'a montré quand j'attendois ma perte,
Mes gardiens en déſordre & ma priſon ouverte
J'ai couru, j'ai cherché ſi je pouvois vous voir
Je vois que l'innocence au ciel eſt toujours chère
Puiſqu'il m'en récompenſe en me rendant mon père
(Elle ſe jette dans ſes bras.)

PROSPER.

Et moi?

AZÉMIA.

Tu partageois de ce cœur plein d'effroi
Les vœux, les battemens, & toute la tendresse
Mais, pardonne, Prosper, si j'adressois sans cesse
Le premier à mon père, & le second à toi.

AKINSON, *embrassant Edoin.*

L'aimable enfant.

AZÉMIA, *bas à Prosper.*

Prosper, dis-moi donc, je te prie,
Quel est ce monsieur-là?

PROSPER.

Ah! félicite-moi,
C'est mylord Akinson à qui je dois la vie.

AZÉMIA.

Quoi, ton pere!

PROSPER, *se jette au col d'Akinson.*

Oui, c'est lui, l'objet de tant de vœux.

AZÉMIA.

Tant mieux nous en aurons désormais chacun deux,
    (*à Akinson.*)
Tu ne t'oppose pas à notre mariage?

EDOIN, *l'entraînant*

Ma fille, que dis-tu? plus d'Hymen,

AZÉMIA.

Et pourquoi?

EDOIN.

Profper eft grand feigneur, & n'eft plus rien pour toi.

AZÉMIA.

Rien pour moi, lui, Profper, c'eft lui faire un outrage;
Eft-ce fa faute à lui, s'il devient grand feigneur?
Je ne l'en aimerai ni moins ni davantage;
Eft-ce un bien j'en jouis, un mal je le partage.

EDOIN.

Mais mon devoir . . .

AKINSON.

Edoin, laiffez parler fon cœur,
Ailleurs les préjugés pourroient bien nous conduire;
Mais ici la nature a droit de nous inftruire.

(Embraffant Azémia.)
Oui, tu feras ma fille.

PROSPER.

Ah! mon pere.

EDOIN.

Ah! monfieur.

FABRICE.

Vous vous livrez fans crainte à la vive allégreffe
Du moment fortuné qui vient de vous unir

Mais penfez que Tornilh & fa troupe traîtreffe
Attiré par le bruit va fans doute accourir,
Sa cohorte eft nombreufe & peut encor groffir
De tous les matelots qui gardoient l'équipage.
La chaloupe nous refte il peut nous la ravir.

AKINSON.

Il a raifon.

AZÉMIA.

Il faut combattre avec courage.

FABRICE.

Si l'on me permettoit quelques réflexions
J'offrirois un parti moins vaillant, mais plus fage.

EDOIN.

Quel eft-il?

FABRICE.

La chaloupe & fes provifions
Peut nous conduire tous à plus de trente mille.
Je fuis fûr de pouvoir vous guider aifément
Où mylord a laiffé fon fecond bâtiment.
Quant à monfieur Tornilh, il nous eft inutile,
Que ne le laiffez-vous tout uniment dans l'ifle,
Peut-être, faudroit-il feulement que monfieur
Voulût bien lui céder fon rang de gouverneur.

EDOIN.

Le projet me plaît fort; les terres y font bonnes
Si j'y vécus quinze ans, feul avec votre fils,

Que n'y peut-il pas faire avec dix-huit perſonnes?
Ils pourront y trouver mes armes, mes outils,
Mes récoltes, mes grains : c'eſt à leur induſtrie
Qu'ils devront déſormais le ſalut de leurs jours
On leur pourra de Londre envoyer du ſecours.

AKINSON.

J'approuve le projet, c'eſt une colonie
Dont on le fera chef s'il ſe comporte bien.
Et j'aurai le plaiſir, par ce nouveau moyen,
De punir un perfide en ſervant ma patrie.

FINALE.

(Pendant le commencement du Morceau Fabrice radoube la chaloupe.)

CHŒUR.

Partons, partons le temps nous preſſe,
Partons avec vîteſſe
Le bonheur nous attend.
Quel moment charmant !

AZÉMIA & PROSPER.

Ah ! cher Proſper, } Quel plaiſir d'être à toi.
Azémia,
Nous voilà donc enfin réunis pour la vie.

EDOIN & AKINSON,

Ah ! quel beau jour, quel beau jour luit pour moi;
Le deſtin le plus doux a comblé mon envie

CHŒUR *dans la chaloupe.*

Le bonheur nous attend
Jouissons sans tourment :
   Quelle allégresse
Quel moment charmant.

FABRICE.

Paix, je l'entends, cachez-vous tous ;
Laissez-moi lui parler pour vous.

(On baisse le tandelet, Fabrice reste seul visible.)

Ah ! je le vois, laissez-moi rire
Et m'amuser de son maintien.
Je m'en vais tout lui dire
Car je ne crains plus rien.

TORNILH *& sa troupe arrivant ne voient plus le vaisseau, témoignent leur surprise. Il appelle Fabrice.*

Fabrice, mon vaisseau, qu'ai-je entendu ?

TOUS.

Quel bruit avons - nous entendu,
Le bâtiment est - il perdu ?

FABRICE.

Oh ! bien perdu,
Vous avez fort bien entendu.
Mais pour vous consoler, sachez une nouvelle.

TOUS.

Quelle nouvelle ?

FABRICE.

Oh ! très-bonne nouvelle :
Vous êtes gouverneur de ces cantons
Vous y restez & nous partons.

TORNILH.

Comment, comment, que veux-tu dire ?

FABRICE.

Ces deux messieurs vont vous instrure.
(*Le tandelet s'ouvre & laisse voir Edoin, Akinson, Prosper & Azémia.*)

TORNILH *à sa troupe.*

Ciel ! c'est Mylord Akinson

AKINSON & EDOIN.

Perfides, voilà votre maître,
C'est ainsi qu'on punit un traître.

TORNILH.

Mylord, pardon.

CHŒUR *de la chaloupe.*

Point de pardon.

PATRICE.

Vous êtes Gouverneur de ces cantons
Vous y restez & nous partons.

CHŒUR de tous.

Pardon, pardon.

Le Chaloupe s'eloigne & les Matelots de Tornilh la suivent sur le rivage.

Un Ballet général de Sauvages termine la Piece.

FIN.

www.ingramcontent.com/pod-product-compliance
Ingram Content Group UK Ltd.
Pitfield, Milton Keynes, MK11 3LW, UK
UKHW020332130726
13696UKWH00003B/1290